CESARE D'AMBROSIO

VENDITORE PROFESSIONISTA

Tecniche Pratiche per Approcciare il Cliente nel Modo Giusto e Motivarlo all'Acquisto

Titolo

"PROFESSIONE VENDITORE"

Autore

Cesare D'Ambrosio

Editore

Bruno Editore

Sito internet

www.brunoeditore.it

Sommario

Introduzione

Ho svolto molteplici attività in ambiti fortemente diversi, riuscendo ad adeguarmi a ogni ruolo e sempre con successo. Ho lavorato come: consulente assicurativo, promotore finanziario, promotore di corsi di formazione professionale in materia di informatica e di comunicazione. Attualmente ho ripreso la mia vera passione lavorativa: l'intermediario assicurativo.

Alla luce della mia esperienza credo che il *venditore professionista* non debba mai considerare la vendita una battaglia, né i clienti dei nemici. Bisogna invece trattare il cliente come un potenziale alleato, dimostrandogli che la soluzione che gli si propone è nel suo interesse.

Allo stesso tempo il venditore professionista non deve solo limitarsi a compilare un ordine o far sottoscrivere un contratto, ma deve principalmente soddisfare i clienti, creare rapporti a lungo termine e guadagnarsi buone referenze. Questo gli consente infatti di allargare la propria rete per ottenere nuovi clienti potenziali.

Il successo a lungo termine viene solo quando, conclusa la vendita, il venditore e il cliente sono entrambi soddisfatti e hanno tratto un profitto a livello sia personale che professionale. E questo è possibile solo se il professionista individua il modo giusto per influenzare l'acquisto.

Nello svolgimento della propria attività, il professionista deve sempre:

- identificare gli atteggiamenti dei clienti;
- individuare i soggetti decisionali nella trattativa;
- trattare un cliente acquisito come un cliente potenziale;
- riconoscere eventuali segnali che la vendita non si concluderà;
- registrare i progressi fatti con i clienti e prevedere le vendite future;
- saper gestire il proprio tempo nelle varie fasi della vendita;
- identificare i clienti ideali di alta qualità.

Non deve invece mai:

- agire o comportarsi in modo ingannevole e cinico;

- ignorare la fase di preparazione o le strategie di vendita;
- dimenticare date o scadenze importanti.

La vendita è un lavoro professionale e i venditori che la praticano con metodo professionale otterranno risultati positivi e successo.

CAPITOLO 1:
Come preparare l'incontro con il cliente

Un venditore, prima di incontrare un cliente, deve sempre verificare i punti fondamentali elencati nei prossimi tre paragrafi.

Conoscere i bisogni e i desideri dei tuoi potenziali clienti

Il marketing si basa sull'idea che gli individui percepiscano gli stati di privazione o, meglio, di *bisogno*. Lo psicologo statunitense, fondatore della "psicologia umanistica", Abraham Maslow (*Motivazione e Personalità*, ed. it., Roma, Armando Editore, 1992) ha classificato i bisogni in base all'ordine di priorità che l'essere umano dà alla loro soddisfazione.

Alla base della piramide si trovano i bisogni primordiali dell'uomo (fame, sete, freddo…) e, man mano che si sale di livello, si incontrano quelli che coinvolgono in modo progressivo la mente. In cima alla piramide di Maslow stanno quei bisogni volti a realizzare la propria identità e le proprie aspettative.

In dettaglio:

- *bisogni fisiologici*: fame, sete, sonno, vestirsi e ripararsi dal freddo (sono bisogni principalmente legati alla sopravvivenza);
- *bisogni di sicurezza*: abitazione, protezione fisica, difesa personale (sono quei bisogni che garantiscono all'individuo protezione e tranquillità);
- *bisogni di appartenenza*: amore, amicizia, compagnia, convivenza (alla base vi è la necessità di sentirsi parte di un gruppo, di una comunità, di amare e di essere amati, di cooperare e interagire con gli altri);
- *bisogni di stima*: rispetto, considerazione, ammirazione (riguardano il desiderio di essere rispettati, accettati, apprezzati, di sentirsi utili e competenti);
- *bisogni di autorealizzazione*: crescita, successo, distinzione, leadership.

I bisogni non sono un'invenzione del marketing, ma una condizione umana. Plasmati dalla cultura e dalla personalità del singolo, i bisogni si trasformano in *desideri*. I desideri dipendono dunque dalla società in cui viviamo e riguardano l'oggetto o la condizione che soddisfano un bisogno. I desideri possono, in certi casi (che dipendono da potere d'acquisto, motivazione ecc.), dare origine a comportamenti come l'acquisto, la donazione, il click... o semplicemente un sorriso.

Non focalizzarti solo sulla vendita del prodotto

Alcuni ritengono che la principale motivazione d'acquisto sia legata alla bontà dei prodotti o dei servizi. Se così fosse tutte le imprese avrebbero successo e non esisterebbero clienti infedeli e insoddisfatti.

Questa convinzione miope porta le aziende a concentrarsi sui prodotti o sui desideri dei clienti, perdendo di vista i bisogni che li hanno generati. Si tratta di un approccio dannoso, perché trascura un aspetto fondamentale, ossia il fatto che il prodotto non è altro che uno dei tanti modi per risolvere un problema.

Il vero motivo per cui le persone acquistano un prodotto è per i benefici, i vantaggi e le esperienze che questo offre loro. Il venditore di successo deve quindi concentrarsi sulle percezioni del cliente e non sul prodotto.

SEGRETO n. 1: riconosci i bisogni e i desideri dei tuoi potenziali clienti. Non vendere prodotti, ma vantaggi e benefici.

Le operazioni da compiere prima di incontrare un cliente

Prima di incontrare un cliente, controlla sempre se:

- hai preparato attentamente la visita;
- hai ottenuto tutte le informazioni possibili;
- sai chi decide l'acquisto;
- hai fissato l'appuntamento;
- hai ben chiaro qual è il tuo obiettivo;
- hai definito la capacità di spesa del cliente;
- hai redatto la scheda-cliente.

La vendita è un'attività che si svolge a stretto contatto con il cliente. Il primo obiettivo del nostro lavoro è quello di "riempire l'agenda": senza appuntamenti non si fanno trattative e non si concludono vendite.

Per riempire la nostra agenda di appuntamenti occorre:

- scrivere i nominativi dei nostri clienti, con le informazioni

sulla loro situazione personale, lavorativa ed economica;
- identificare le argomentazioni che stimolano l'interesse dell'interlocutore;
- scegliere la modalità di contatto più adatta.

Approcciandosi al cliente per ottenere un appuntamento bisogna concordare giorno, ora e luogo dell'incontro e assicurarsi della presenza di tutte le persone potenzialmente interessate alla vendita.

Come porre le domande

Per condurre con successo una trattativa e convincere l'altro, nel lavoro come nella vita privata, bisogna superare ostacoli anche notevoli. Imparare la tecnica più efficace per porre le domande può essere d'aiuto. Domande ben formulate ci danno infatti la possibilità di pilotare il colloquio verso gli obiettivi che vogliamo raggiungere.

Esempio

Hai fissato un appuntamento con un potenziale cliente, che ha accettato di vederti perché pensa che tu sia in grado di risolvergli un problema. Per telefono ti ha anticipato qualcosa e tu pensi di aver già individuato la soluzione giusta per lui. Sei contento, perché questa è una chiusura sicura, un assegno certo.

Entri nel suo ufficio e il potenziale cliente passa a raccontarti nei dettagli che cosa si aspetta da te. Tu, che sei un esperto della materia, consolidi l'idea di aver già pronta la soluzione che fa per lui. Cominci a presentargliela e, mentre procedi, vedi il cliente che si irrigidisce sempre più. Quando poi arrivi a illustrargli il costo, scatta il «no». Eppure, al telefono, ti era sembrato interessato e, di persona, ti ha confermato il suo interesse.

Cosa è successo?

Sei caduto in una trappola molto comune per ogni venditore: appena hai sentito il cliente accennare a un problema, gli hai presentato immediatamente la tua soluzione.

Primo errore

Sei stato sicuramente troppo precipitoso e non hai verificato l'esistenza di altre eventuali problematiche.

Consiglio

Una domanda di verifica aiuta sempre a dipanare meglio la matassa. Avresti ad esempio potuto chiedere: «È questo l'unico aspetto che desidera segnalarmi o ce ne sono altri?» Una domanda come questa aiuta il potenziale cliente a esplicitare meglio ciò che ha in mente e, allo stesso tempo, aiuta il venditore a confezionare una presentazione più in linea con i bisogni che gli sono espressi.

Secondo errore

In presenza di un problema (e quindi di una situazione di disagio per il potenziale cliente), occorre temporeggiare e lasciare che per qualche tempo il cliente abbia a che fare da solo con questa situazione ostica.

Consiglio

Si possono utilizzare altre domande che aiutino il cliente a focalizzare meglio il *prospect* e lo inducano a riflettere sulle conseguenze negative che una mancata soluzione del problema avrebbe per lui: «Cosa significa ciò per lei? Quali sarebbero le conseguenze se questo problema non venisse risolto?».

In alternativa, si può decidere di evidenziare le conseguenze positive che verrebbero dall'adottare una soluzione rapida: «Nell'ipotesi che si riesca a risolvere il problema velocemente, che vantaggi immediati avrebbe? E, a lungo termine, cosa cambierebbe per lei?»

Il potenziale cliente non sempre è perfettamente a conoscenza di ciò che gli serve e di ciò che non gli serve; non sempre riesce a razionalizzare completamente su rischi e vantaggi, costi e benefici. Il venditore abile ha anche il compito di esplorare questi punti e aiutare il cliente a prendere la decisione corretta.

La tecnica delle domande è lo strumento migliore che il venditore ha a disposizione per rendere positivo ogni incontro, per sé e per il potenziale cliente.

SEGRETO n. 2: non essere precipitoso. Usa la tecnica delle domande, il migliore strumento che il venditore ha a propria disposizione.

Come formulare gli obiettivi della vendita

La corretta formulazione di un obiettivo di vendita rappresenta le fondamenta del successo. Così come non si può arrivare in un luogo specifico senza aver deciso di andarci, allo stesso modo non si può raggiungere un obiettivo specifico senza aver deciso di raggiungerlo.

La vendita è una professione che richiede sicurezza nelle proprie abilità, determinazione, perseveranza, precisione, empatia, cuore, semplicità, sensibilità, estroversione. Ma non basta. Bisogna anche avere le idee chiare sulle mete e gli obiettivi che si vogliono raggiungere.

L'obiettivo, nella mente del venditore, rappresenta la concretezza dei risultati attesi. Raggiungerlo equivale a ricevere il feedback necessario per poter festeggiare e consolidare la propria autostima. Un buon obiettivo, per "lavorare" correttamente nella mente del venditore, deve però soddisfare alcuni criteri. Diversamente, rischia di essere solo un numero scritto da "qualcuno che non conosce il mercato e i clienti".

Ovviamente, prima di parlare di obiettivi per il futuro, il venditore dovrebbe analizzare, sia pure velocemente, i propri risultati di vendita nel periodo precedente. Ciò vuol dire rendersi conto del perché di un certo risultato, del motivo per il quale certi clienti hanno acquistato e altri no, delle ragioni per le quali un certo prodotto ha raggiunto determinati volumi e così via. Questo tipo di analisi rappresenta una base di lavoro ottimale per poter programmare le attività future.

Nel formulare il proprio obiettivo, talvolta il venditore si "abbandona" a una serie di alibi: «il mercato è diventato difficile», «il mio prodotto è troppo caro», «la concorrenza fa più pubblicità», «siamo troppo inflessibili con i pagamenti» ecc. Questi alibi deresponsabilizzano il venditore stesso, che finisce per accontentarsi di risultati scarsi, essendo poi il primo a subirne le conseguenze negative.

Viceversa, un atteggiamento più costruttivo potrebbe essere quello che spinge a domandarsi: «dato che il mercato è diventato così difficile, cosa posso fare io per portarmi a casa i risultati ai quali ambisco e che merito?»

SEGRETO n. 3: la vendita è una professione che richiede sicurezza nelle proprie abilità, determinazione, perseveranza, precisione, empatia, cuore, semplicità, sensibilità, estroversione.

Un buon obiettivo è bene che sia:

- *specifico*: diffidare degli obiettivi vaghi, del tipo: «il fatturato deve aumentare», «desidero vendere a un maggior numero di clienti» oppure «voglio incrementare i miei risultati». Questi obiettivi difficilmente diventeranno realtà;
- *misurabile*: quanto più un obiettivo è espresso in forma oggettiva, numerica, tanto più risulta raggiungibile. Quindi, l'obiettivo del punto precedente diverrà: «Voglio aumentare del 30% le vendite del prodotto *x* nel canale *y*»;
- *pratico*: elencare ciò che si farà per raggiungere l'obiettivo: «Voglio aumentare del 30% le vendite del prodotto *x* nel canale *y*, mediante la promozione *a* presso i clienti 1 e la promozione *b* presso 30 nuovi clienti»;
- *realistico*: evitare obiettivi "mosci" (non sono motivanti), così come quelli irraggiungibili (sono frustranti);
- *tempificato*: un obiettivo senza scadenza è come un'auto senza

benzina: non funziona. Fissare una dimensione temporale è utile per diverse ragioni: consente di "spezzettare" l'obiettivo di fine periodo in tanti sotto-obiettivi parziali (in modo che, se si manca il primo dei sotto-obiettivi, sia possibile fare eventuali correttivi) e di focalizzarsi su azioni concrete in un preciso intervallo di tempo, aumentando pertanto la propria efficacia. Inoltre, un obiettivo tempificato aiuta a mettere in atto le azioni giuste al momento giusto.

Abilità di ascolto

Tra le abilità richieste al venditore, una spicca sulle altre: l'abilità di ascolto. L'ascolto è infatti uno strumento fondamentale per orientare favorevolmente la conversazione, perché ci permette di acquisire informazioni, cogliere lo stato d'animo dell'interlocutore, captare i segnali di interesse per i nostri prodotti/servizi. Bisogna dunque fare molta attenzione a quello che dice il cliente e a come lo dice.

Le tipologie di ascolto possono ridursi a tre tipi:

- *ascolto passivo*: si verifica quando il ricevente (il venditore) non invia nessun feedback al proprio interlocutore (il cliente) e si limita ad ascoltarlo. Questa modalità, oltre a lasciare insoddisfatto l'emittente, non permette al ricevente di cogliere quegli aspetti che potrebbero essere importanti per una positiva conclusione dell'incontro di vendita;

- *ascolto selettivo*: il ricevente seleziona le informazioni che l'emittente gli invia, recependo quelle che, in qualche modo, ritiene essere interessanti e scartando tutto il resto. Anche in questa maniera, una parte importante del contenuto, in termini di informazione, viene irrimediabilmente perduto;
- *ascolto attivo*: è un ascolto pieno, presente, che evita il giudizio e coglie tutti i contenuti e le sfumature (verbali, paraverbali e non verbali) della comunicazione.

Ecco qualche consiglio per praticare una forma di ascolto attivo:

- mantenere un buon grado di contatto oculare;
- la postura, se seduti, deve essere orientata, protesa verso l'interlocutore;
- usare espressioni facciali che manifestino interesse;
- ogni tanto assentire col capo e dire «capisco», «certo», «comprendo» e altre espressioni simili, che forniscono all'interlocutore chiari segnali di ascolto;

- ogni tanto riassumere, con parole proprie, ciò che è stato detto dall'interlocutore: «se comprendo bene, vuol dire che...».

I vantaggi dell'ascolto attivo sono immediatamente percepibili:

- rafforza (o crea) la relazione tra le parti;
- permette di cogliere tutti i contenuti della comunicazione, che poi il venditore potrà usare a proprio vantaggio;
- aiuta l'interlocutore ad aprirsi e a parlare di ciò che conta veramente per lui.

SEGRETO n. 4: per un venditore è fondamentale l'abilità di ascolto. È importantissimo assumere un atteggiamento di ascolto attivo nei confronti del cliente.

L'intervista

Per poter esercitare al meglio il proprio ruolo e gestire in maniera adeguata un'intervista, il venditore deve:

- presentarsi al cliente esplicitando quale ente rappresenta e illustrando l'oggetto dell'intervista e il contesto in cui si inserisce, in modo da stimolare il suo interesse e agevolare la sua comprensione;

- mostrarsi un interlocutore adattabile, in grado di ascoltare in modo attivo, amichevole ed empatico, seguendo le nozioni basilari della comunicazione interpersonale;
- evitare che il cliente parli "a ruota libera", perché il tempo dell'intervista deve essere funzionale agli obiettivi prefissati;
- evitare di esprimere opinioni personali;
- controllare il proprio atteggiamento e il linguaggio non verbale.

L'obiettivo dell'intervista è raccogliere tutti i dati necessari a definire l'atteggiamento fondamentale del cliente e le sue esigenze. L'esigenza può essere definita come il delta esistente tra una situazione attuale, talvolta non percepita come migliorabile in forza delle proprie abitudini o conoscenze, e una situazione desiderabile, che può essere percepita solo attraverso un processo di analisi e di razionalizzazione.

Per individuare le esigenze del cliente è importante strutturare il colloquio in base alle risposte del cliente. Come utilizzare bene le domande? Non accettando le risposte generiche. Come distinguere una "notizia" da una "esigenza"? La notizia generica è un'informazione sulla realtà o sulla scelta attuata. La notizia approfondita è "il perché" di quella scelta o azione.

Esempio di presentazione prima di un'intervista

«Buongiorno, sono Cesare D'Ambrosio dell'azienda *X*. Sono qui, per l'appuntamento prefissato telefonicamente, si ricorda? Lei, immagino, è il sig. Rossi. Piacere di conoscerla, come sta?

Il motivo della mia visita è quello di individuare insieme a lei i criteri per gestire al meglio il suo risparmio, impiegando nel modo migliore il suo denaro e garantendo allo stesso tempo quella tutela che lei desidera fornire a se stesso e alla sua famiglia. Il mio scopo è anche quello di illustrarle i vantaggi offerti dai servizi dell'azienda *X*.

Nel nostro incontro verificheremo insieme se ci sono tutti i presupposti per iniziare un rapporto di collaborazione continuativo ed eventualmente, sempre insieme, troveremo la soluzione più vantaggiosa per lei. Per questo, se lei è d'accordo, le rivolgerò alcune domande in merito alla sua realtà personale, lavorativa e patrimoniale, nonché sul modo in cui ha impiegato sino a oggi il suo risparmio. Anzi, le dirò di più, La invito a rivolgere a me tutte le domande che riterrà opportune».

Prima di procedere con le domande, verificare che si sia creato un clima positivo osservando l'espressione e l'atteggiamento del cliente. Porre domande al cliente è fondamentale per raccogliere i dati oggettivi, rilevare i bisogni e gli obiettivi specifici, cominciare a stimolare l'interesse per la nostra proposta. Solamente il cliente può infatti raccontarci con precisione quali sono i suoi progetti e le sue attese. Di sicuro, non gli serve ascoltare "lezioni" da qualcuno che gli dica di cosa ha bisogno per soddisfare le sue esigenze.

Esempi di domande

Situazione personale

- «Quanti anni ha?»
- «È sposato?»
- «Ha figli? Quanti? Quanti anni hanno? Studiano? Lavorano?»
- «Dove vive? Con chi?»
- «Quali sono i suoi interessi?»
- «Mi parli del suo tenore di vita: è soddisfatto?»

- «Ha qualche desiderio da realizzare?»
- «Quali programmi ha per il futuro?»

Situazione lavorativa

- Professione: «è un lavoratore autonomo o dipendente?»
- Livello di impegno: «lavora da solo o supportato da qualcuno?»
- «Sua moglie lavora?»
- «Quali sono i rischi connessi alla sua vita professionale?»
- «Ci sono proiezioni di sviluppo per il futuro?»
- «I suoi familiari lavorano?»
- «Quali sono le sue possibilità economiche e accostamenti di risparmio?»
- «A quanto ammonta il suo reddito? È soddisfatto?»
- «In che modo distribuisce il suo reddito tra spese e impieghi?»

Situazione patrimoniale

- «Come utilizza la sua forma di impiego? Perché? In quali forme? Con quali obiettivi? Con quali risultati?»
- «Esistono progetti di impiego non realizzati? Perché?»

- «Quali sono gli obiettivi che vuole raggiungere?»
- «Quali benefici vuole conseguire?»
- «Ha accantonato qualcosa per gli imprevisti della vita? Se sì, quanto e in quali forme?»
- «Gli accantonamenti effettuati finora sono sufficienti a darle la sicurezza desiderata?»

L'intervista si chiude riassumendo le esigenze emerse nel corso del colloquio con il cliente, chiedendone conferma con una domanda chiusa e accertandosi (sempre con una domanda chiusa) che il cliente abbia intenzione di risolvere insieme a noi le sue esigenze.

Ad esempio: «Se ho capito bene le sue esigenze sono… Ho compreso bene?» (attendere la risposta del cliente). «Quindi, se le proponessi una soluzione per questa sua esigenza, Lei sarebbe disposto a prenderla in considerazione?»

Dopo ogni intervista, è buona regola compilare un modulo riassuntivo E.S.V. (Esigenze – Soluzioni – Vantaggi) come quello esemplificato nella pagina seguente. Per ciascuna esigenza espressa dal cliente, esporre la relativa soluzione in termini di prodotto e i vantaggi inerenti. Verificare per ciascun E.S.V. se il cliente ha compreso e se è d'accordo.

Modulo E.S.V. (Esigenze – Soluzioni – Vantaggi)

ESIGENZE	SOLUZIONI	VANTAGGI	DOMANDE DI CONTROLLO

SEGRETO n. 5: l'obiettivo dell'intervista è raccogliere tutti i dati necessari a definire l'atteggiamento fondamentale del cliente e le sue esigenze, ossia i suoi desideri.

RIEPILOGO DEL CAPITOLO 1:

- SEGRETO n. 1: riconosci i bisogni e i desideri dei tuoi potenziali clienti. Non vendere prodotti, ma vantaggi e benefici.
- SEGRETO n. 2: non essere precipitoso. Usa la tecnica delle domande, il migliore strumento che il venditore ha a propria disposizione.
- SEGRETO n. 3: la vendita è una professione che richiede sicurezza nelle proprie abilità, determinazione, perseveranza, precisione, empatia, cuore, semplicità, sensibilità, estroversione.
- SEGRETO n. 4: per un venditore è fondamentale l'abilità di ascolto. È importantissimo assumere un atteggiamento di ascolto attivo nei confronti del cliente.
- SEGRETO n. 5: l'obiettivo dell'intervista è raccogliere tutti i dati necessari a definire l'atteggiamento del cliente e le sue esigenze, ossia i suoi desideri.

CAPITOLO 2:

Come superare le obiezioni

Molti venditori hanno il terrore delle obiezioni: è un timore che non ha ragione di esistere, perché nessun cliente si decide all'acquisto prima di aver sollevato alcune obiezioni. Senza obiezione, non vi è acquisto.

Quali sono le principali obiezioni e quando si manifestano

Il cliente può obiettare per diversi motivi:

a) *obiezioni emotive* (irrazionali)

- per abitudine;
- per difendersi dall'influenza del venditore;
- per darsi importanza;
- per resistere ai cambiamenti;
- per manifestare indifferenza, ostilità, timore ecc.

b) *obiezioni razionali positive*

- perché non sente la necessità del prodotto o servizio offerto;

- per ottenere ulteriori e più dettagliate informazioni;
- perché non riconosce il valore o i benefici del prodotto o servizio offerto;
- perché vuole essere rassicurato prima di prendere una decisione.

c) *obiezioni razionali negative*

- perché non vuole spendere;
- perché sente una determinata necessità, ma la soddisfa con un altro prodotto o servizio concorrente;
- per scoraggiare il venditore a insistere su una proposta d'acquisto ritenuto inutile;
- per precedente esperienza negativa;
- per accordi con concorrenti;
- per ordini superiori.

Esistono obiezioni tipiche rivolte:

a) al *venditore*:

- «non c'interessa»;
- «siamo già a posto»;
- «non ho tempo»;

- «siete nuovi nel ramo»;
- «ci sono delle aziende che vi superano con delle novità»;
- «non siete conosciuti».

b) al *prodotto*:

- «non c'è richiesta»;
- «a noi non serve»;
- «la vostra qualità non mi piace».

c) al *prezzo* e alle *condizioni di vendita*:

- «siete cari, costa troppo»;
- «compriamo a meno»;
- «non fate pagamenti dilazionati»;
- «non fate sconti»;
- «aspetto che ribassi il prezzo».

d) al *tempo* per decidere:

- «casomai più avanti»;
- «ripassi, intanto ci pensiamo»;
- «debbo prima parlare con *X*»;

- «desidero rifletterci su»;
- «sono indeciso»;
- «è prematuro per noi».

e) al *riferimento concorrenza*:

- «abbiamo accordi con la concorrenza»;
- «i concorrenti sono nostri amici»;
- «sono soddisfatto del mio attuale fornitore».

È importante considerare in quale fase della vendita avviene l'obiezione. Il cliente infatti può avanzare un'obiezione in fase di approccio (ad esempio: «Guardi che non compro nulla, sono qui solo per dare un'occhiata») o manifestarla a un passo dalla firma del contratto («Aspetti, ma in caso di rottura che cosa devo fare?»).

Fase di approccio: significa che il cliente sta avanzando obiezioni sulla nostra persona o società. È importante saper "vendere" bene sé stessi o la propria azienda.

Fase di dimostrazione: significa che il cliente vuole richiedere informazioni; talvolta questo può mascherare una richiesta d'aiuto a razionalizzare. In questo caso è importante "vendere" il prodotto o il servizio, spiegandone accuratamente i vantaggi.

Fase di conclusione: significa che il cliente ha timore di acquistare o ha paura di sbagliare. È importante rassicurarlo.

SEGRETO n. 6: l'obiezione del cliente si può manifestare in qualsiasi momento del processo di vendita. L'importante è considerare in quale fase avviene.

Riconoscere le obiezioni

La principale difficoltà che pone un'obiezione è riconoscerne la natura: siamo di fronte a un'obiezione fondata oppure a un'osservazione che dissimula un altro obiettivo?

Le obiezioni infatti possono essere pretestuose o reali. Capirlo è facile seguendo tre punti di riferimenti specifici, che ci aiutano a determinare la tipologia di obiezione che ci troviamo a gestire.

Nello specifico, bisogna valutare:

1) il grado di precisione con cui vengono formulate;
2) il momento nel quale vengono formulate;
3) l'atteggiamento dell'interlocutore.

Le *obiezioni pretestuose*:

- sono costanti e cadenzate;
- vengono formulate all'inizio del colloquio e comunque prima che si illustri il progetto;
- il potenziale cliente ha un atteggiamento distratto e uno sguardo sfuggente.

Le *obiezioni reali*, invece:

- sono lente, scandite da diverse pause;
- vengono formulate durante la presentazione della proposta, con voce bassa;
- il potenziale cliente ha un atteggiamento attento, concentrato e un tono serio e riflessivo.

SEGRETO n. 7: per capire se un'obiezione è reale o pretestuosa, bisogna valutare il modo e il momento in cui viene formulata e l'atteggiamento del cliente.

L'atteggiamento del venditore

L'atteggiamento del venditore nei confronti delle obiezioni del cliente si può sviluppare in due modi diametralmente opposti:

- «Che sfortuna! Un altro cliente che inizia a lamentarsi di tutto e a mettermi i bastoni tra le ruote...»
- «Che fortuna! Un cliente che manifesta apertamente le sue perplessità e che quindi mi dà modo di discuterne insieme a lui».

Il venditore esperto non teme le obiezioni, anzi le incoraggia e le affronta apertamente (es. «La vedo perplessa, cosa è che non la convince del tutto?»), perché è consapevole che rappresentano un vero e proprio momento della verità in cui dimostrare, con i fatti, la validità della propria offerta. Le obiezioni dunque non vanno abbattute, ma "sfruttate" per aiutare il cliente a cambiare punto di vista sul nostro prodotto/servizio.

Le obiezioni forniscono indizi preziosi su ciò che soddisfa o meno il cliente e sono un segnale positivo di interesse da parte sua. Le domande che ci fa servono infatti per avere ulteriori informazioni e per chiarire qualcosa che non ha capito o che non ricorda.

Domande, a volte, dirette a ottenere da noi un supporto emotivo del tipo: «Tranquillizzati! Stai facendo la cosa più giusta e vantaggiosa per te».

Se gestite positivamente, le obiezioni si traducono inoltre in un forte potenziamento della fiducia del cliente e, di conseguenza, in un ulteriore consolidamento del rapporto di partnership.

SEGRETO n. 8: le obiezioni sono un segnale di interesse da parte del cliente. Quindi, se il cliente non muove obiezioni, non significa che va tutto bene.

Tre errori da evitare:

1) ritenere che l'obiezione sia diretta a noi personalmente;
2) non prendere in considerare l'obiezione;
3) colpevolizzare il cliente.

Dieci consigli utili:

1) far emergere le obiezioni e sforzarsi di capirne le cause;
2) imparare a cogliere il sorgere di un'obiezione da uno sguardo perplesso oppure da un gesto negativo;

3) prevenire le obiezioni durante la fase della dimostrazione;
4) avere un atteggiamento rilassato e comprensivo, ascoltando con attenzione il cliente e lasciandolo parlare, senza interrompere;
5) non reagire d'impulso ed evitare le discussioni;
6) riflettere sulla risposta, selezionando le argomentazioni più giuste per rispondere alle obiezioni e definendo meglio i motivi di acquisto del cliente;
7) tenere in considerazione le domande del cliente, non dare risposte evasive né minimizzare i suoi dubbi;
8) essere brevi nel rispondere;
9) evitare espressioni del tipo: «Non è vero», «Lei si sbaglia», «Lei non ha capito»;
10) mantenere la calma.

SEGRETO n. 9: l'atteggiamento del venditore deve essere rilassato e comprensivo. Deve capire la natura delle obiezioni e "sfruttarle" per aiutare il cliente a cambiare punto di vista.

Per affrontare le obiezioni è utile seguire queste tecniche:

- Ascoltare con interesse e sino in fondo l'obiezione.

- Lasciar parlare il cliente, perché più parla più scopre in sé stesso le proprie zone irrazionali.
- Dopo aver ascoltato, fare una breve pausa prima di rispondere per dare l'impressione al cliente di riflettere sulle sue obiezioni.
- Evitare risposte come: «lei ha torto», «no, non è vero», «lei cade in errore», «mi lasci dimostrare che non è così» ecc. Sarebbe utile invece riuscire a far vedere la questione al cliente da un altro punto di vista.
- Chiedere «perché?» o usare la tecnica delle controdomande.
- Sintetizzare l'obiezione del cliente e riformularla sotto forma di domanda per facilitarne la risposta.
- Circostanziare: «bene, l'unico punto su cui non è d'accordo è...»
- Sollecitare il parere di una terza persona, in modo da rendere più credibile il concetto esposto.

Le tecniche di superamento delle obiezioni

Vediamo le più comuni tecniche di superamento delle obiezioni:

1) *controdomandare*: gestire l'obiezione del cliente rivolgendogli una domanda aperta;

2) *riqualificare*: riformulare l'obiezione del cliente in positivo e

in un modo per noi gestibile. Serve per rendere positiva l'obiezione del cliente, riproporre i vantaggi della nostra soluzione, focalizzare l'attenzione del clienti sui punti più qualificanti della nostra proposta;

3) *boomerang*: accettare completamente l'obiezione del cliente, confermandone l'attendibilità e trasformandola però in un argomento di vendita. Ad esempio, se il cliente dice: «non ho tempo», rispondere: «proprio per questo che...»;

4) *pro e contro*: rappresentare visivamente le ragioni di perplessità del vostro cliente, evidenziandole su un foglio e raffrontandole con tutti i benefici della nostra proposta;

5) *focalizzare*: definire esattamente il significato dell'obiezione, arginandone la portata per ampliare la nostra area di intervento;

6) *minimizzare*: è una tecnica opportuna per spingere un cliente indeciso (ma che ha accettato i presupposti fondamentali della nostra proposta) verso una decisione positiva. È atta a creare una sorta di complicità tra venditore e cliente laddove, attraverso la sua resistenza (di natura emotiva), il secondo manifesta di voler essere convinto o guidato dal primo.

SEGRETO n. 10: ricorda le sei tecniche di superamento delle obiezioni: controdomandare, riqualificare, boomerang, pro e contro, focalizzare, minimizzare.

E adesso, nei seguenti paragrafi, procediamo esaminando le tipologie di obiezioni più frequenti.

Obiezione del prezzo alto

Qual è l'ostacolo che vi trovate spesso ad affrontare e vi sembra così difficile superare? L'obiezione sul prezzo. Oggettivamente, è comprensibile che questa obiezione sia considerata un ostacolo per la conclusione di una trattativa di vendita: è indubbiamente frequente e un po' fastidiosa (anche per la sua ricorrenza).

Tuttavia, proprio perché è così ricorrente, chi esercita la professione della vendita (e magari ha partecipato a corsi di formazione o seminari) dovrebbe avere già trovato una modalità efficace per disinnescarla. E invece no: la maggior parte dei venditori e degli agenti di vendita ne soffre tuttora.

Il prezzo è sempre un aspetto critico e l'obiezione sul prezzo è la più facile da avanzare per ogni cliente. Quindi aspettati pure che, qualunque sia il prezzo che annunci, il tuo interlocutore cercherà sempre una montagna di argomenti per fartelo ribassare. In questo caso, più che ostinarti a difendere il prezzo, suggerisco di evidenziare i vantaggi correlati al tuo prodotto/servizio.

Il mio consiglio è quello di cominciare col porti alcune domande:

- Quanto vali?
- Quanto vale il tuo tempo?
- Quanto vale la tua esperienza?
- Quanto valgono la tua azienda e il tuo prodotto?
- Quanto valgono la tua creatività, la tua immaginazione, il tempo che investi in aggiornamento professionale?
- Quanto è stato investito in ricerca e sviluppo dalla tua azienda?

Non è infatti solo il prodotto/servizio nudo e crudo a fare il posizionamento, bensì anche tutto quello che, a monte, lo qualifica. Questa riflessione ci porta a definire la prima regola, quella fondamentale, per enunciare il prezzo: quando ti chiedono il prezzo del tuo prodotto, declinalo circondandolo di valore.

La nostra mente riesce a gestire, contemporaneamente, solo un limitato numero di informazioni. Enunciando soltanto il prezzo, dunque, tutte le unità di attenzione del cliente vanno a confluire sul prezzo stesso, caricandolo di valenze negative. Ed ecco che scatta l'obiezione.

Viceversa, durante una presentazione di vendita, enunciando il prezzo insieme ai vantaggi del prodotto/servizio si ottiene il non trascurabile effetto di diluire le unità di attenzione dell'interlocutore su un più elevato numero di elementi, facendo di conseguenza diminuire il livello di attenzione sull'elemento prezzo. Se ciò non bastasse, una buona alternativa è quella di "disinnescare" l'obiezione sul prezzo ancor prima che venga posta dall'interlocutore.

Una terza opzione, più "tecnica", prevede due fasi: 1) prima si conferma l'opinione dell'interlocutore: «Mi rendo conto che, dal suo punto di vista, il prezzo potrebbe sembrare un po' alto...»; 2) subito dopo, si presentano uno o più vantaggi: «... allo stesso tempo non le sfuggirà che questo prodotto è il più avanzato sul mercato e che gode di un'assistenza tecnica gratuita per cinque anni dall'acquisto».

Tipiche frasi di obiezione

«Non vorrei farle perdere tempo». Risposta: «Stia certo che non mi farà perdere tempo. Infatti, nel nostro incontro Lei avrà modo di poter conoscere le ultime novità sui servizi che la nostra azienda offre ai clienti come lei, sig. Rossi, persone qualificate e ben rappresentative del suo settore. Anzi, le dirò di più: scopriremo insieme se, in base alle sue esigenze, esiste un'area di concreto vantaggio per Lei».

«Non ho soldi». Risposta: «La capisco sig. Rossi, ma sarà Lei a decidere come e quando farlo. Non si dimentichi che il mio scopo è solo di illustrarle i vantaggi e i servizi che la mia azienda le offre. Accantonando per un attimo la questione dei soldi, ci sono altri problemi? Hai dei dubbi? Vuole farmi delle domande? Forse non sono stato chiaro?»

«Avrei bisogno di tempo per pensarci». Risposta: «Mi fa piacere che lei voglia pensarci. Infatti, noi desideriamo che i clienti che sottoscrivono i nostri contratti siano convinti al 100%. Non vogliamo certamente persone indecise. D'altronde, io sono qui non solo per illustrarle i nostri vantaggi e servizi, ma anche per chiarirle qualunque suo dubbio o perplessità. Qual è il motivo della sua esitazione?»

«Mi rivolgo a un amico». Risposta: «Le farebbe piacere instaurare un rapporto di collaborazione continuativa e amichevole, anche con me? Forse non sono riuscito a farle percepire tutti i vantaggi del nostro prodotto?»

«È un pessimo investimento». Risposta: «Sì, è vero. È un cattivo investimento. Si tratta proprio di un misero investimento. Nonostante questo però le assicurazioni hanno qualche risvolto piuttosto importante. Non vorrebbe sapere come mai molti dei suoi amici hanno investito centinaia di migliaia di euro?»

«Siete dei ladri!». Risposta: «Sono felice che l'abbia detto! Una ragione in più per venirla a trovare. Sarà un'ottima occasione per giudicare di persona la serietà dei nostri servizi».

«Non ho tempo». Risposta: «Certo! Mi rendo conto! Ed è proprio per questo che le telefono: per darle l'opportunità di scegliere il momento migliore per Lei! Di solito, è più libero la mattina o il pomeriggio?»

«Non sono interessato». Risposta: «Non c'è ragione al mondo per cui lei dovrebbe interessarsi al nostro prodotto prima che io le abbia illustrato come la può aiutare a guadagnare denaro, aumentare la produttività e risolvere alcuni dei suoi problemi. Posso mostrarle come possiamo riuscirci?»

«Si prevedono tempi duri». Risposta: «È esattamente questo il motivo per cui le consigliamo di comprare adesso, in modo da essere preparato ad affrontare i tempi duri che verranno. D'altronde Lei cesserebbe di amministrare la sua azienda solo perché potrebbero esserci dei momenti duri davanti a lei? Dimostrerebbe una certa avvedutezza, facendo oggi un ordine per garantirsi la disponibilità dei materiali proprio in vista dei possibili tempi critici».

Qualche consiglio pratico

Ricordate che sarà la vostra reazione a determinare il vostro successo nel superare o meno un'obiezione! Ecco dunque qualche consiglio pratico. Se vi trovate di fronte a un'obiezione:

- non attaccatela;
- non sottovalutatela;
- non ignoratela;
- non denigratela;
- non mettetela in dubbio;
- non smettete di ascoltare;
- non interrompetela.

Infine, non commettete l'errore di usare le seguenti parole:

- «ma...»;
- «no!»;
- «perché?» (se usato in modo perentorio);
- «ha ragione»;
- «so come si sente, immagino».

Riassumendo, di fronte a un'obiezione è importante:

1. Assumere come atteggiamento di fondo quello del «che fortuna! Un cliente che manifesta apertamente le sue perplessità e che quindi mi dà modo di discuterne insieme a lui». Ascoltare dunque con interesse il cliente, incoraggiandolo e lasciandolo esprimere fino in fondo;
2. evitare la discussione, il contrasto, il conflitto: non innescare duelli;
3. analizzare il tipo di obiezione (non sincera e non fondata, sincera e non fondata, sincera e fondata);
4. chiedersi che cosa in realtà il cliente vuole sapere da noi;
5. chiarire fino in fondo l'obiezione che ci viene posta, facendo domande e riassumendo ciò che ci ha detto il cliente;
6. superare positivamente l'obiezione con una delle sei tecniche illustrate.

RIEPILOGO DEL CAPITOLO 2:

- SEGRETO n. 6: l'obiezione del cliente si può manifestare in qualsiasi momento del processo di vendita. L'importante è considerare in quale fase avviene.
- SEGRETO n. 7: per capire se un'obiezione è reale o pretestuosa, bisogna valutare il modo e il momento in cui viene formulata e l'atteggiamento del cliente.
- SEGRETO n. 8: le obiezioni sono un segnale di interesse da parte del cliente. Quindi, se il cliente non muove obiezioni, non significa che va tutto bene.
- SEGRETO n. 9: l'atteggiamento del venditore deve essere rilassato e comprensivo. Deve capire la natura delle obiezioni e "sfruttarle" per aiutare il cliente a cambiare punto di vista.
- SEGRETO n. 10: ricorda le sei tecniche di superamento delle obiezioni: controdomandare, riqualificare, boomerang, pro e contro, focalizzare, minimizzare.

CAPITOLO 3:
Come superare le credenze limitanti

Nella mia esperienza ho riscontrato che molti venditori non sono completamente motivati a vendere, perché nella loro mente vi sono credenze limitanti del tipo:

- sono un venditore mediocre;
- se non vendo non sono bravo;
- al primo colpo devo chiudere la trattativa;
- devo dare il meglio di me;
- devo apparire un venditore sicuro;
- non devo mai fallire;
- non devo sbagliare;
- non sono portato per quest'attività;
- non sono un buon comunicatore;
- non sono in grado di convincere le persone ad acquistare;
- ho una lista di clienti a disposizione, ma non li contatto tutti con determinazione ed entusiasmo: faccio già una selezione, eliminando coloro che "so già" che non compreranno.

Questo genere di credenze influenzano negativamente i venditori, portandoli a ottenere risultati fallimentari.

Che cosa sono le credenze?

Le credenze sono ciò che ciascun individuo considera vero o falso. Sono i principi guida che influenzano ogni comportamento. Sono le convinzioni che derivano da una sensazione di certezza su qualcosa. Questo senso di certezza dà modo di attingere a risorse che permettono di ottenere ottimi risultati.

«La credenza che diventa verità per me [...] è quella che mi permette l'uso migliore della mia forza, il mezzo migliore per mettere in atto le mie virtù» (*André Gide*)

SEGRETO n. 11: le credenze sono i principi che guidano ogni nostro comportamento e possono influenzare negativamente o positivamente la nostra vita.

Per capire che cos'è una credenza è sufficiente pensare al suo elemento di costruzione: l'idea.

Per esempio: «Sono intelligente». È un'idea o una convinzione? Dipende dal grado di certezza che abbiamo in proposito. Se pensiamo all'idea come al ripiano di un tavolo senza gambe, abbiamo una chiara rappresentazione del perché un'idea non ha lo stesso grado di certezza di una convinzione: senza gambe il ripiano non si reggerà da solo. La convinzione è come fosse un ripiano con le gambe.

Se siamo davvero convinti di essere intelligenti, da che cosa ci viene questa certezza? Dai riferimenti (le gambe del tavolo ovvero le passate esperienze) che sostengono questa idea. Sono le gambe del tavolo che danno solidità al nostro ripiano, che rendono certa l'idea, cioè ne fanno una convinzione, una credenza.

La Programmazione neuro linguistica (PNL) ha studiato in modo approfondito le credenze, identificando quattro tipologie di fonti:

- gli *eventi*: rappresentano ciò che accade a noi stessi o ad altri;
- le *azioni*: sono ciò che facciamo o abbiamo fatto in passato e comprendono i risultati che abbiamo ottenuto;
- l'*ambiente*: rappresenta il contesto culturale in cui siamo

vissuti e l'influenza che altre persone (genitori, scuola, amici) hanno esercitato su di noi. Ciò che studiamo e apprendiamo nel corso della nostra vita contribuisce notevolmente alla creazione di nuove credenze;

- l'*immaginazione*: è ciò che creiamo internamente con la nostra mente.

Diversi tipi di credenze

Gli esperti di PNL sono arrivati a distinguere tre diverse categorie di credenze:

- le *opinioni*: sono certezze temporanee che possono cambiare facilmente. Sono semplici impressioni che si basano su pochi riferimenti;
- le *credenze* vere e proprie: hanno basi di riferimento più stabili delle opinioni e hanno sovente una connotazione di tipo emozionale. Le persone con convinzioni radicate hanno un forte livello di certezza e difficilmente sono disposte ad accettare nuove informazioni che contraddicano le loro credenze. Solo un evento traumatico può incidere su di esse;
- le *supercredenze* (o *valori*): hanno un'intensità emozionale tale che l'individuo non accetta che siano messe in

discussione. Modificare i propri valori spesso significa mettere in gioco la stessa identità della persona.

Ai fini del nostro ragionamento è utile introdurre anche un'altra distinzione: quella tra credenze limitanti e potenzianti.

Una credenza *limitante* è una convinzione che incute in noi un pensiero negativo. La gran parte delle credenze limitanti è una generalizzazione dedotta dal passato e basata sulla nostra interpretazione di esperienze penose. Ad esempio:

- «c'è la crisi ed è un brutto momento per l'economia»;
- «non riesco a imparare bene la lingua inglese»;
- «sono sfortunato in amore e non ho successo con le donne»;
- «sono pigro e non amo andare in palestra»;
- «con tutti gli impegni e i doveri che ho non trovo il tempo da dedicare a me stesso».

Se ci convinciamo che una credenza limitante sia vera, questa può diventare una specie di autocondanna, che limita le nostre decisioni future su ciò che siamo e che sappiamo fare. Le persone che seguono le credenze limitanti vivono infatti la propria realtà personale come se fosse assoluta, ottenendo come risultato il dolore, la sofferenza, l'immobilità delle loro situazioni e, talvolta, anche dei malesseri fisici.

Esempio

Per il solo fatto di non aver avuto mai successo nella professione in passato, il venditore pensa che non riuscirà ad averlo nemmeno in futuro. Per paura, si creerà delle credenze che lo indurranno a esitare, a non impegnarsi a fondo. Col risultato di ottenere dei risultati limitati.

Una credenza *potenziante* è invece una convinzione che ci spiana la via verso il successo e ci fa avvicinare al raggiungimento degli obiettivi. Ad esempio:

- «in questo momento è possibile trovare ottime opportunità di guadagno»;
- «mi piace molto studiare la lingua inglese e ci riesco molto bene»;
- «posso essere interessante e so come piacere alle donne»;
- «il movimento fisico fa bene ed è divertente, mi piace muovere il mio corpo e andare in palestra»;

- «so gestire bene il mio tempo e mi ritaglio volentieri degli spazi per me stesso/a».

Esempio

Ipotizza di condividere la seguente affermazione: «Buoni venditori si nasce, non si diventa!». Questa credenza in sé non è né positiva, né negativa, ma attribuisce esclusivamente a un fattore generico la capacità di essere dei venditori di successo.

Se ti ritieni per indole naturale un buon venditore, questa credenza sarà potenziante e ti spingerà a motivarti sempre di più. Per far propria una nuova credenza potenziante, bisogna cercare di associare a questa convinzione molto piacere.

A tal fine può servire fissare su un foglio tutto ciò che di utile e di piacevole ci porterà la nuova convinzione. Lo scopo è scrivere quante più informazioni possibili per "screditare" la vecchia credenza limitante e scriverne altre per avvalorare la nuova credenza potenziante.

Ecco alcune domande che possono farci da guida:

- «mi è utile accettare questa nuova credenza potenziante?»
- «Che cosa avrei da guadagnare "facendo mia" questa nuova credenza?»
- «Come cambierà la mia vita e quali obiettivi potrò raggiungere?»

Le nostre convinzioni sono come ordini assoluti, che ci indicano che cosa è possibile e che cosa non lo è, quanto possiamo e non possiamo fare. Determinano ogni nostra azione, ogni nostra idea e perfino ogni sensazione che proviamo.

Di conseguenza, se non cambiamo i nostri sistemi di credenza, potremo anche aumentare la nostra sicurezza e fiducia in noi stessi, ma non riusciremo mai ad avere la convinzione sufficiente per operare qualche cambiamento reale.

Le convinzioni positive, che infondono energia e senso di sicurezza, sono la forza che sta dietro ogni grande successo. «L'uomo è nato per vivere, non per prepararsi a vivere» (*Boris Pasternak*).

SEGRETO n. 12: le convinzioni positive, che infondono energia e senso di sicurezza, sono la forza che sta dietro ogni grande successo.

Come superare le credenze limitanti?

Per spiegare come affrontare le credenze limitanti, può essere utile raccontare una storia, tratta da un libro di Anthony De Mello (*Messaggio per un'aquila che si crede un pollo*, Milano, Piemme Pocket, 2006).

«Un ragazzo, figlio di un contadino, durante una passeggiata in montagna, trovò tra le rocce un uovo di aquila. Tornato alla fattoria, lo mise nel nido di una chioccia. L'uovo si schiuse contemporaneamente a quelli della covata e l'aquilotto crebbe insieme agli altri pulcini.

Per tutta la vita l'aquila si comportò esattamente come facevano i polli nel cortile, pensando di essere uno di loro. Frugava nel terreno alla ricerca di vermi ed insetti, chiocciava e schiamazzava, scuoteva le ali alzandosi da terra solo di qualche centimetro.

Trascorsero gli anni e l'aquila divenne molto vecchia. Un giorno vide sopra di sé, nel cielo terso, uno splendido uccello che planava, maestoso ed elegante, sorretto dalle correnti d'aria, battendo appena le forti ali dorate. La vecchia aquila alzò lo sguardo, sorpresa. "Chi è quello?" chiese.

"È l'aquila, il re degli uccelli!" rispose un pollo che era lì vicino. "Appartiene al cielo, mentre noi apparteniamo alla terra". E così l'aquila visse e morì come un pollo, perché pensava di essere tale».

Quante volte avete agito come l'aquila che, credendo di essere un pollo, si comporta come tale? Come potete pensare, ad esempio, di svolgere con professionalità la vostra attività di vendita se, mentre descrivete il prodotto al cliente, credete che questi non sia interessato e che quindi non comprerà mai?

Questa credenza influenzerà negativamente la qualità della vostra trattativa e si trasformerà in una profezia che si auto-avvera: il cliente con ogni probabilità non comprerà!

Un proverbio americano recita: «potete, se credete di potere». Se non credete di poter raggiungere i vostri traguardi, al di là delle oggettive difficoltà, non sarete comunque in grado di farcela e sarete voi stessi la prima causa del vostro insuccesso. Cambiare le credenze limitanti è un processo semplice: è necessaria solo molta determinazione.

Bisogna compiere tre azioni:

1) **avere il controllo dei propri pensieri** in ogni momento e sostituire quelli *negativi* con pensieri *positivi*. Per esempio, se si pensa che non si avrà mai successo perché non si riesce a liberarsi dei propri comportamenti limitanti, bisogna sforzarsi di dire a sé stessi che si ha il potenziale per raggiungere il successo tanto quanto chiunque altro.

Il segreto è visualizzare se stessi con la determinazione, il coraggio e l'ottimismo che serviranno per riuscire nella vita. La prossima volta che torneranno i pensieri negativi, si ripeterà la stessa tecnica. Ci vorrà del tempo per acquisire nuove convinzioni potenzianti, ma alla fine si creerà un ciclo virtuoso: pensieri positivi, stati d'animo positivi, credenze positive e azioni positive.

Esempio: i clienti non hanno i soldi. *Atteggiamento sbagliato*: «ci crederò e lascerò perdere». Come modificare questa credenza limitante e renderla potenziante? *Atteggiamento esatto*: scoprire cosa è importante per il cliente e aiutarlo a destinare i suoi soldi alla protezione di ciò che è importante per lui, soprattutto in un momento così particolare!

2) **Sviluppare una maggiore fiducia in se stessi e nelle proprie capacità**. Può essere utile scrivere una lista dettagliata dei propri tratti caratteriali migliori, delle qualità e dei talenti naturali. Annotare qualunque cosa positiva ci venga in mente su noi stessi, anche se sembra che non ci sia niente di speciale.

Bisogna anche sapersi liberare dai giudizi ricevuti durante l'infanzia o l'adolescenza. Molto spesso, la mancanza di autostima è causata infatti da parole o critiche negative ricevute durante queste importanti fasi del processo di crescita. Poco per volta ci si sentirà sempre più sicuri di se stessi.

Esempio: se ti ritieni un pessimo venditore (*credenza limitante*), attiverai in te un senso di paura, ti sentirai demotivato (*risorse interiori*) e quindi riterrai inutile persino informarti sulle caratteristiche del prodotto che dovrai vendere e usare gli strumenti a tua disposizione (*risorse esterne*). Il risultato sarà pessimo. Non si concluderà nessuna vendita. Tutto ciò rafforzerà la tua tesi: sei un pessimo venditore;

3) **potenziare e motivare se stessi**. Un altro valido strumento per formare nuove convinzioni è usare la propria immaginazione per cambiare l'*immagine* di se stessi. La visualizzazione è un metodo efficace per rimpiazzare la vecchia immagine limitante con una nuova immagine potenziante.

Chiudete gli occhi e pensate a voi stessi come vorreste essere. Immaginatevi sicuri, realizzati, coraggiosi e di successo. Eseguite questo esercizio tutti i giorni, anche soltanto per pochi minuti. Vedrete che presto non dovrete più "inventare" questi sentimenti, perché finirete per sentirvi veramente così.

«È la mente che fa sani o malati, che rende tristi o felici, ricchi o poveri» (*Edmund Spencer*).

Per un venditore che desidera ottenere dei risultati migliori nella sua carriera professionale, la motivazione è un elemento vitale. La forza della motivazione non va sottovalutata: rende possibili risultati straordinari non solo nella vendita, ma in ogni aspetto della vita. La motivazione è l'arma per raggiungere i risultati più incredibili. Motivare se stessi, inoltre, è fondamentale per poter motivare gli altri. Per riuscirci devi:

- avere un obiettivo;
- trovare la concentrazione;
- provare a studiare ciò che ti piace di più o almeno provare a renderlo interessante per te stesso.

SEGRETO n. 13: per cambiare le credenze limitanti è necessario sostituire i pensieri negativi con pensieri positivi, sviluppare una maggiore fiducia in se stessi, potenziare e motivare se stessi.

Tecniche di motivazione

L'immaginazione nel tempo

L'immaginazione ci aiuta a manipolare le nostre percezioni degli eventi e del tempo e può portarci a sviluppare una maggiore motivazione. Nel campo della vendita, in particolare, l'immaginazione è in grado di intervenire sulla predisposizione mentale del venditore, potenziando al massimo le sue motivazioni e spingendolo a compiere le azioni che lo porteranno a realizzare i suoi obiettivi professionali.

Il venditore deve immaginare che cosa accadrà nella sua esperienza sensoriale, quando avrà raggiunto il suo obiettivo di vendita. Per questo deve porsi una serie di domande:

- «Cosa vedrò quando avrò raggiunto il mio obiettivo?»
- «Come sarò io fisicamente e come vedrò gli altri e le cose intorno a me?»
- «Come saranno le mie immagini visive? Saranno grandi, luminose, a colori, ben focalizzate, nitide, come se vedessi un film? Oppure saranno piccole, poco luminose, in bianco e nero, sfocate?»
- «Come sarò vestito quando avrò raggiunto l'obiettivo?»
- «Chi saranno le persone che vedrò intorno a me e dove mi troverò?»
- «Come sarà il posto in cui mi troverò in quel momento?»
- «Che effetto mi farà raggiungere il mio obiettivo?»

L'immaginazione visiva

Per la costruzione dell'immagine visiva il venditore dovrà tener conto di alcuni elementi:

- colori;
- movimento;
- dimensione;
- focus;
- luce;
- localizzazione.

E dovrà chiedersi:

- «Che cosa vedrò quando sarò in quella scena?»
- «Quali colori/movimenti?»
- «Chi ci sarà?»
- «Cosa farò io?»
- «Quale sarà l'ambiente?»

L'immaginazione sonora e auditiva

Nella costruzione dell'immaginazione sonora e auditiva il venditore dovrà porsi queste domande:

- «che cosa ascolterò intorno a me nel momento in cui avrò realizzato la vendita?»
- «Quali suoni ci saranno nell'ambiente in cui mi troverò?»
- «Che cosa mi diranno gli altri in quella circostanza?»
- «Con quale tono di voce parlerò?»

L'immaginazione di sensazioni, emozioni e sentimenti

Nell'immaginare la scena come fosse un film che ha costruito mentalmente, il venditore si pone queste altre domande:

- «quali saranno le emozioni che vivrò?»
- «Che sentimenti vivrò?»
- «Che effetti avrò?»

Quanto maggiore sarà il suo grado di concentrazione nella fase di immaginazione, tanto più il venditore sperimenterà gli stati d'animo e le sensazioni personali che deriveranno. L'effetto sarà direttamente proporzionale all'aumento delle motivazioni.

SEGRETO n. 14: per motivarti a vendere tieni a mente le tecniche di motivazione: l'immaginazione nel tempo, l'immaginazione visiva, l'immaginazione sonora e auditiva, l'immaginazione di sensazioni, emozioni e sentimenti.

Tecniche per superare le convinzioni limitanti

Le convinzioni limitanti del venditore possono influenzare negativamente i suoi risultati e performance di vendita, incidendo così sulla sua carriera. Esistono però delle tecniche per trasformare le proprie credenze limitanti in convinzioni potenzianti per la vendita.

Tecnica del semaforo verde

Questa tecnica è applicabile in quelle situazioni in cui le convinzioni su se stessi sono limitanti e agiscono come un "semaforo rosso".

Ricordate le credenze limitanti del venditore che ho esposto all'inizio del capitolo?

- sono un venditore mediocre;
- se non vendo non sono bravo;

- al primo colpo devo chiudere la trattativa;
- devo dare il meglio di me;
- devo apparire un venditore sicuro;
- non devo mai fallire;
- non devo sbagliare;
- non sono portato per quest'attività;
- non sono un buon comunicatore;
- non sono in grado di convincere le persone ad acquistare;
- ho una lista di clienti a disposizione, ma non li contatto tutti con determinazione ed entusiasmo: faccio già una selezione, eliminando coloro che "so già" che non compreranno.

Bene, per ottenere il successo desiderato (il "semaforo verde"), è necessario superare questo genere di credenze.

Tecnica dell'auto-feedback

Questo tipo di tecnica è incentrato sulle domande evolutive:

- Qual è la percezione che avete di voi stessi come venditori?
- Qual è la frase che vi ripetete normalmente mentre vi recate dal cliente?
- Che valore pensare di avere per i vostri clienti?

- Che tipo di venditore pensate di essere?

Tali domande hanno il potere di liberare le persone dai blocchi che impediscono alle loro risorse di manifestarsi. Un bravo venditore possiede una naturale attitudine al contatto con i clienti, ma è pur vero che l'abilità di chiudere una trattativa con successo è una capacità che si può affinare, acquisendo tecniche di vendita sempre nuove e aggiornate, in un'ottica di miglioramento continuo e costante.

RIEPILOGO DEL CAPITOLO 3:

- SEGRETO n. 11: le credenze sono i principi che guidano ogni nostro comportamento e possono influenzare negativamente o positivamente la nostra vita.
- SEGRETO n. 12: le convinzioni positive, che infondono energia e senso di sicurezza, sono la forza che sta dietro ogni grande successo.
- SEGRETO n. 13: per cambiare le credenze limitanti è necessario sostituire i pensieri negativi con pensieri positivi, sviluppare una maggiore fiducia in se stessi, potenziare e motivare se stessi.
- SEGRETO n. 14: per motivarti a vendere tieni a mente le tecniche di motivazione: l'immaginazione nel tempo, l'immaginazione visiva, l'immaginazione sonora e auditiva, l'immaginazione di sensazioni, emozioni e sentimenti.

Conclusione

Un venditore è prima di tutto un leader. È una persona che ha ben chiari quali sono gli obiettivi da raggiungere a breve, medio e lungo termine.

Un venditore professionista deve prima di tutto ispirare fiducia (ai suoi clienti, colleghi, collaboratori…). Per ispirare fiducia bisogna prima di tutto credere in sé stessi, in ciò che si dice. È importante dimostrare di essere affidabili, anticipare il successo e fissare obiettivi. Ma per fare tutto questo è necessario allontanare la paura, liberando la mente da pensieri foschi, timori e dubbi.

E poi bisogna sempre pensare in positivo e dimostrare entusiasmo, soprattutto quando le circostanze suggeriscono il contrario. Se avrai questo atteggiamento, chi ti ascolta lo percepirà e crederà in ciò che dici e tu conquisterai sempre di più la sua fiducia.

Il venditore di successo, prima di essere un professionista, è un *motivatore* e un *comunicatore*, una persona che trasmette con la forza delle parole tutta la passione che accompagna le sue azioni. È uno che crede fermamente in ciò che compie.

Il venditore leader si mette in discussione, capisce il cambiamento, sviluppa la conoscenza e l'empatia per comprendere le esigenze, i problemi, le aspirazioni altrui. Un leader sa controllare le proprie emozioni e capisce al volo quelle degli altri. Questo gli permette di dominare tutte le situazioni soprattutto quelle in cui "le tensioni sono molto forti".

È una persona che con il suo comportamento dà l'esempio e induce gli altri all'azione. Per essere in grado di guidare gli altri bisogna però prima di tutto aver imparato a guidare sé stessi. Questo è possibile solo dopo aver raggiunto il proprio equilibrio interiore ed essere diventati consapevoli di essere gli unici artefici dei propri risultati, sia positivi sia negativi.

Come insegnano in tutti i corsi di psicologia per la gestione di gruppi di persone, il compito principale di un leader è di tipo emozionale. In altre parole, un leader deve suscitare sentimenti positivi nei suoi collaboratori, facendogli capire che sono tutti fondamentali per il raggiungimento dell'obiettivo. In tal modo ogni elemento della squadra si sentirà importante e darà il massimo di sé.

Per essere un buon leader di una squadra bisogna essere umili, condividere il sapere, essere responsabili, essere giusti nel giudizio, far capire ai propri collaboratori che si crede in loro e nelle loro potenzialità, spingendoli così alla crescita professionale.

Ricorda anche che un leader non vince sempre! A volte perde ed è giusto così, perché le sconfitte sono necessarie, arricchiscono e aiutano a capire come migliorarsi.

Buon lavoro!
Cesare D'Ambrosio

www.ingramcontent.com/pod-product-compliance
Ingram Content Group UK Ltd.
Pitfield, Milton Keynes, MK11 3LW, UK
UKHW022011190726
13853UKWH00004B/1869

9 788861 742925